JN440249

꽃버치

꽃버치

초판 1쇄 인쇄일 단기 4351(2018년) 9월 20일
초판 1쇄 발행일 단기 4351(2018년) 9월 27일

지은이 양숙
펴낸이 양옥매
디자인 임흥순
교 정 조준경

펴낸곳 도서출판 책과나무
출판등록 제2012-000376
주소 서울특별시 마포구 방울내로 79 이노빌딩 302호
대표전화 02.372.1537 **팩스** 02.372.1538
이메일 booknamu2007@naver.com
홈페이지 www.booknamu.com
ISBN 979-11-5776-625-3(03810)

이 도서의 국립중앙도서관 출판시도서목록(CIP)은 서지정보유통지원 시스템 홈페이지(http://seoji.nl.go.kr)와 국가자료공동목록시스템(http://www.nl.go.kr/kolisnet)에서 이용하실 수 있습니다.
(CIP제어번호 : CIP2018030336)

꽃버치

양숙 시집

책과나무

나누고 싶습니다

아침 일찍 일어나
옹색하나마 곁을 내준
고추, 가지, 토마토 호야에게

"오늘도 씩씩하게 잘 자라라"
"그러다가 골바람에 쓰러지겠어"
"내가 좀 도와줄까?"

잎 뒤집어 벌레 있나 보며
살손*으로 쓰다듬고
순지르기도 해 준다

손톱 밑마다 녹색물이 든다
손등 실금까지 향이 짙게 밴다
색향으로 짠 우주 장갑을 끼었다

고작 물 몇 모금 주었을 뿐인데

하늘땅 기운이 맘속에 그득하다
화분 몇 개로 누리는 작은 행복

나누고 싶습니다

*살손 : ① 일을 정성껏 하는 손. ② 어떤 일을 할 때 연장이나 다른 물건을 쓰지 않고 직접 대서 만지는 손.

· 목차 ·

2부
꽃버치

3부
꽃모닝

4부
꽃지랄

1부 ✤ 꽃달임

꽃달임*

어서 오시게나
매화의 꿈 영글기 전
달아나려는 향기
목 가는 백자 속에 잡아 두었고
진초록 남아 있는 텃밭
향기 짙은 들깨 꽃송이로
깨보숭이*도 마련했네
따가운 햇살 받아
노오란 꿈 더해 가는
향기 짙은 감국(甘菊)도 준비했으니
예쁜 모양 살려 집어* 주시게나
그저 가을을 품을
그저 가을에 취할
그저 가을에 젖을
마음 하나만 가지고 오시게
토방 댓돌 아래 귀뚜리는
버얼써 기다리는 눈치네
어서 오시게나

*꽃달임 : 진달래나 국화의 꽃잎을 따서 전을 부치거나 떡에 넣거나 술을 담가 여럿이 모여 먹거나 베개 속에 넣어 즐기는 일.

*깨보숭이 : ① 들깨의 꽃송이에 찹쌀가루를 묻혀 튀겨 낸 것. ② 참깨를 볶아 살짝 부순 것.

*집다 : 보통의 채소는 전을 '부친다'라고 하나, 진달래나 국화 등의 모양과 색을 살려야 하는 꽃과 잎을 사용할 때는 '집는다'는 표현을 써서 아취를 살림.

해바라기 결혼식*

당신만을
오로지 당신만을
바라보겠어요

해바라기가
오로지 해님만을
바라보며 살듯이
오로지오로지
당신만을 바라보며
한평생 살아가겠어요

오로지오로지
저 혼자만을 바라보며
한평생 살아 주세요
당신은 나의 임
당신은 나의 태양
나는 당신의 임
나 또한 당신의 태양

*동유럽 시골에서 해바라기의 '들어 총!' 사열을 받으며 신랑신부가 식장에 들어섰다.

자작나무 숲*에서

만일 정령이 된다면
싹쓸바람에 휘말려 버릴 바다가 아닌
한여름엔 온몸 타들어 가는 뭍도 아닌
온갖 친구 되어 주는 풍대리(風大里)로 오리라

찬바람 윙윙대는 러시아 벌 아니더라도
대륙의 왕바람 밤을 틈타 휘이잉 당도
인제 오셨나 반기는 자작나무 숲에서
아득한 고향 동기들 숨소리라도 들으리라

굳이 몸 씻고 단장하지 않아도
눈보다도 더 희어지리라
그 지순한 순백에
덩달아 순결해지리라

나 비로소
대륙에서 오신

그대와 화촉(樺燭) 밝혀

한 몸 되리라

*강원도 인제군 인제면 원대리(옛지명 풍대리) 화전 터 25ha에 1990년부터 70만 그루를 가꾼 자작나무 숲.

진달래

뒷산 진달래
와자지직끈 꺾어

사랑하는 임
머리에 꽂을까

울렁이는 내
가슴에 품을까

사스레피꽃 종

부모님 무덤 들머리에서 봄이면 늘
조롱조롱 꽃등 밝히어 우릴 맞아 주며
작은 꽃 송이송이
어릴 적 담았던 이야기 들려주는
사스레피나무*
오늘도 송이마다 담긴 이야기 풀어놓기를

아무리 보잘것없다지만
어찌 자랑스럽지 않겠냐
시력 시원찮은 곤충 불러들이려고
높이 상승 못 하는 바람 들르라고
아래로 향해 말 걸고 있단다
눈 맞추는 기회 놓치지 말거라

*사스레피나무 : 차나무과의 상록관목. 잎겨드랑이마다 종 모양으로 아래를 향해 팥알만 한 꽃이 다닥다닥 붙어 핀다. 동백처럼 두껍지만 자잘한 잎 가장자리마다 톱니가 있고 약간 꿀꿀한 냄새가 난다. 꽃다발 바닥에 깔려 화려함의 배경이 되곤 한다.

붉나무

혼신을 다해
모든 걸 다 끌어모아
뼛속까지 붉히는 어름새
분명 헤어질 줄 알면서도

마지막 이 순간까지도
활활 태우는 정염(情炎)
이토록 지순한 붉음이
이별을 위한 것이었다니

뜨거운 안녕

수 놓다

지난가을
복자기나무 잎에서 붉은색 얻어
두릅나무 새순 한 땀 놓는다
은행나무에게 얻은 노란색으로
영춘화 꽃잎 다섯 장 꾹꾹 놓는다
높푸른 하늘 구름에게 하얀색 얻어
목련 향기까지 놓느라 수틀 넘친다
흐드러진 쑥 더미에서 녹색 얻어
온 들을 푸르게 올렸다

지난가을
나도 얻어 쟁여 둔 그 기운으로
봄바람 한 땀 살랑 놓고 갑니다

별 대신

마당 비질하지 않아도
두레 멍석 깔지 않아도
별들이 내려와
드러눕던 그 밤

풀벌레 바자울에 가두지 않아도
대나무 들마루* 내려놓지 않아도
별들이 내려와
드러눕던 그 밤

약쑥 모깃불 피우지 않아도
박꽃 하얗게 피우지 않아도
별들이 내려와
드러눕던 그 밤

서럽게 울고 싶은
초라한 서울의 밤

별 대신 다가와

드러누운 그 사람

*들마루 : 평상. 방문 앞에 잇따라 들인 쪽마루.

대나무 칼

할머니는
이제서야 추위에서 벗어나 부르르 몸을 흔들며
기지개를 켜기 시작한 밭두렁에 퍽석 주저앉았다
온몸을 꽉 바닥에 눕힌 밑동을 바투 잡아
손으로 잡아 뜯을 꽃다지는 물론이고
그새 많이 컸구나 이쁘다 하면서
송곳처럼 삐죽 고개 내민 달래를 살살 흔들었다
순간적으로 알아챈 달래 안 뽑히려고 버틴다
툭! 목이 끊기자
부러진 낫날로 만든 나물칼을 손에 들었다가
혹시나 지렁이나 땅강아지가 베일까
그냥 나물바구니에 던져두고는
몽당이가 다된 대나무 칼을 집어 들었다

얼굴 붉그스름한 애숭이 나숭개*
버티다가 목 잘린 달룽개*
노란 웃음 웃던 꽃다지가
나물바구니에 소복하다

*나숭개 : '냉이'의 전라도말.
*달룽개 : '달래'의 전라도말.

나뭇잎 파문

나무도 자는 밤
달빛 어린 수면에
눈빛으로 쓰노라

그대를
느을 '생각'*한다고

그리곤
사랑하는 마음
잔잔히 다가가게
나뭇잎 하나 얹어 띄워
파문 일으킨다

*생각 : 15세기까지는 '사랑'과 같은 의미로 쓰였음.

나도 나무가

나도
나도 나무가 될 테야

나도 나무가 되어
나무들처럼 두 팔 벌리고
뭇 중생 기쁘게 맞이하고 싶어

나도 나무가 되어
오욕의 냄새 맑게 씻어 줄
진한 향기를 내뿜고 싶어

나도 나무가 되어
하얀 떡가루 뒤집어쓰고
주린 백성에게 떡방아 찧게 해 주고 싶어

나도 나무가 되어
대웅보전 창살에 피어나는
한 송이 연꽃이고 싶어

환호작약

생애 가장 아름다운 색 끌어모아
벙글거리며 부르는 소리
주름살 깊어지는 줄도 모르고
쏟아내는 파안대소*에
홑작약 겹꽃 되었다

환호작약(喚呼芍藥)*
환호작약(歡呼雀躍)*

지금 바로 여기가
천국이 아니고 무엇이겠는가!
고기리 신주식 댁

*작약은 벙글거렸지만 채은과 단아는 파안대소(破顔大笑)했다.
*환호작약(歡呼雀躍) : 기뻐서 크게 소리를 치며 날뜀.
*환호작약(喚呼芍藥) : 작약 꽃이(만개) 소리 높여 부름
*here and now를 즐기는 햇살정원 2012.5.28. 부처님 작약(芍藥)으로 현현(顯顯)하셨다.

술 덜 익은들

벚꽃 가지 넘노닐며
새들이 희롱한다지만

봄바람이 꼭꼭 여민
앞가슴 들춰본다지만

봄밤 꽃그늘 허정대는 걸음
놔주질 않는다지만

국화주가 강추위에 얼어
익을 생각도 않는다지만

얼굴 보잔 박새 편 기별에
진달래 버얼써 볼 붉히니

덩달아 얼근해지는구려

쭉정이 어머니

톡 토독 또르르르
톡 투툭 투두툭
실바람도 없건만
아람 든 밤과 도토리들
마구마구 쏟아내 준다
주섬주섬 주워
숲속으로 멀리 던져 준다
동그란 외동밤
두 쪽 쌍동밤

아람 송이 벌려 보니 세 쌍둥이
세 개 크기가 서로 비슷한 게 아니라
가장자리 한 톨은 빈 껍질뿐인 쭉정이
이건 청서도 반기지 않을 거야
획 물속으로 던지려는 찰나
저 두 것들은 토실하게 여물었는데
넌 왜 양보만 하고 먹지도 않았니

갈수록 팔다리가 가늘어지고
날 선 호미로 그은 것처럼
이마에 쪼글쪼글 훈장 단 어머니
늘 주시기만 했던 어머니의 모습
아, 어머니
자식들에게 모든 것 다 주시고
당신은 쭉정이로 남으신 어머니

아람 송이 속에도 계셨군요
나의 어머니

북돋아 주다*

생의 줄기가 무성히 뻗어 간다
안전한 땅바닥 기는 것으론 부족해
덩굴손 사방 허공에 쑤욱쑥 내민다

호박 올라타라고 울타리 빌딩 올렸더니
잡손*도 없는 고구마 어느 틈에 끼어
마디마디 실뿌리 공중에 스스슥 내린다

버둥대는 모습 안타까워 서너 마디 잘라
끼리끼리 뭉쳐 방호책 등등한 회양목 옆
호미 기억 아스라한 땅에 꽉꽉 살손* 붙였다

*북돋아 주다 : 땅속에 영양을 저장하는 것들은 이랑의 북을 두둑하게 높여 줘야 한다.

*잡손 : 그릇 따위에 달린 손잡이.

*살손 : 일을 정성껏 하는 손.

무청 시래기

추위와 싸우느라 퍼렇게 벼려진 얼음송곳
서릿발 덜 녹아 울퉁불퉁한 봄 텃밭
움찔거리는 기지개가 들어 있다

찌는 듯한 땡볕 목마름에
후두두둑 잎을 뚫을 듯한
소나기 시원함이 들어 있다

우수수 쏟아지는 은행잎 붙안은
고단한 육신 서늘한 바람이 들춰 준
겨드랑이 밑에 푸르른 단맛이 쟁여졌다

처마 밑 해바라기하는 속닥임 쟁이며
된장과 만나 구수한 정다움 엮어 낼
엄니의 거칠어진 손금이 들어 있다

당신 가슴에 4

떡갈나무 숲속
옹달샘이고 싶다
당신 가슴에

염천(炎天) 더위 식히는
소나기이고 싶다
당신 가슴에

아홉 번 구워 내는
소금가마이고 싶다
당신 가슴에

안성 유기 공방
풀무이고 싶다
당신 가슴에

도토리묵

들기름 내 고소한 한겨울 도토리묵
새파란 쑥갓 향에 붉은 당근까지 얹혀
고이는 침이 먼저 젓가락 잡으려는 순간
내가 도토리묵을 시켰던가?

"염증 제거에 좋고 건강 다이어트 음식입니다
맛있게 드셔요" 귓등으로 들리고
마음은 이미 동네 뒷산 녀석들에게

배고플 땐 목숨 줄이었지만
먹거리 온천지에 넘쳐나는 세상
도대체 그게 얼마나 된다고
나무 흔들고 심지어는 돌로 몸통 찍어 대며
깡그리 다 따 버리는지

'다람쥐 청서 다른 산짐승들
내가 먹는 만큼 고 녀석들 굶주릴 텐데'
일행들 몰래 젓가락질 멈춘다

꽃무릇 2

어쩌자고
이리 자리 잡으셨는지
팽고목 딱따구리에게 웃돈 받고
자리 내어 주면 어떡하시려고

아무리 발돋움해도
가까이할 수 없는 해님과는
어찌 낯 익혀 붉음 얻으시려
옹색하게 여기에 자리 잡으셨는지

초라하고 빛바랜
내속 붉음이라도 한 줌 드릴까요
도르고* 비운 기쁨에
오히려 내속이 불그레 차오릅니다

*도르다 : 몫몫이 나누어 따로따로 보내 주다.

배롱나무 부부 사랑

숙모님들은 물론
근방 여자들 질투를 한 몸에 받으실 정도로
금슬 좋으셨던 부모님
엄마가 먼저 가시자 지극히 사랑했던 마음 표시하느라
아버지께서 엄마 봉분 양쪽에 두 그루씩 손수 심으신
진분홍색 배롱나무

자식들 다 도시로 나가자
조부모님 무릎 밑에 자리한 부모님 어울무덤* 관리는
자연스레 동네 집안 누군가에게 부탁되었다.
벌초를 부탁드리며 신신당부한 내용 중 늘 강조한 것은
무덤가에 심은 나무
특히 배롱나무는 절대 베지 말라고…
예초기에 잘려 나간 것을 발견할 때마다
딸들은 속상했지만
내 손으로 안 하니 이런 걸 누굴 탓하겠냐며
새로 심곤 했다.

아버지도 엄마 뒤따라가신 지 5년,
베어진 그 자리에
이번이 마지막이길 바라며
딸들은 세 그루를 다시 심었다
다행이 지금까지 탈 없이 자라서
처음에 심은 것보다는
키도 작고 몸피도 가늘지만
씩씩하고 훤하게 잘 크고 있어
추석 무렵이면
엄마 아버지가 반겨 주시는 듯 벙글거린다.

올해는 막내딸이 막 개비한 삼성 갤럭시 S7 폰으로
평소 엄마가 잘 부르시던
목포의 눈물 등의 이난영 노래와
아버지가 즐겨 부르시던 남인수 노래를 들려 드리며
살아 계실 적 얘기 나누니
배롱나무도 꽃가지 내려 귀 기울인다
배롱나무 꽃그늘에서
어릴 적 추억과 준비한 음식도 나누는데

그 지독한 염천은 어디로 사라지고
바람결은 무척이나 상쾌하다
하늘 역시 어찌 이리도 투명하게 맑고 푸르며
새하얀 햇솜 이불 구름까지 둥실 띄워 청명한지
서울로 올라오는 길 구름도 역시 꽃구름이다.

딸 부잣집 다섯 중 하난 이미 데려가셨지만
남은 네 딸들 우애 다지는 좋은 기회는
엄마 아버지 돌아가셔서도 이리 환하게 꽃 피우는
배롱나무 부부 사랑 덕분이다.

*2016.8.27.토. 네 자매 성묘.
*어울무덤 : 합장묘

2부 ✤ 꽃버치

회양목*

깔깔대는 개나리
발랄함에 눌릴까 봐
우아한 백목련
미소에 주눅 들까 봐
그냥 먼저 웃었지요
꾸밈없이 소박하게
벌이 와서 말했어요
첫나들이라고

*회양목은 3월 학교 개학 시기에 맞춰 수줍게 꽃을 피우는데, 부지런한 벌이 알아챕니다.

가시나무*

그토록 사랑받기
갈망하더니
그토록 흠모의 눈길
보내더니
그토록 바라던 사랑
쏟아붓더니
그토록 지독한 편애(偏愛)
독차지하더니
껴안을 수 없는
가시로만 남았구나

*고비 사막 언저리에서 만난 이름 모르는 가시나무 덤불. 한국 가시나무엔 가시가 없다.

꽃버치*

탱자나무 산울타리 안은 물론
뒷고샅까지도 위세 떨치며 너볏한*
수탉의 볏 빨간 맨드라미 대엿 송이로
온 집안은 물론 동네 전체가 환해졌다

가을 땡볕에 토실한 씨앗들 내보내고 나니
색도 바래고 서리에 당당함도 허물어지려 한다

"거참 너볏하다" 자자하던 칭찬도 잦아들어
그냥 두기 아까워 모가지를 잘라
꽃버치에 담아 볕바른 창가에 두었다

망설이다 아직도 떠나지 못하고 있던 씨앗들
겨우 코밑으로 토톡대며 출가라고 환호성이다
꽃버치가 가을을 품어 익혔다

*꽃버치 : 아가리가 자배기보다 넓고 둥글넓적한 모양의 옹기.
꽃을 담거나 꽃무늬가 있는 그릇으로 남새를 담기도 했다.

*너볏하다 : 몸가짐이나 행동이 번듯하고 의젓하다.

보길도 동백

어쩌자고
이리 징허게 붉으냐
도대체 어째야 쓸꺼나
널 어째야 쓸랑가
난 당최 모르겄다

땅에 피었다고
내 너를 버릴쏘냐
동박새는 널 떠났을지라도
눈길 거둘 내 아니다

너는 영원을 지니지 않았더냐
단순(丹脣) 미소 마음에 들여
널 안고 살아갈 팅게
걱정일랑 말그라

절개 있는 너
지조 있는 나

영원히 살자
함께 살아 내자

황산송

고봉 높이 더해 주려 꼭대기에 섰다
암봉 폭우에 스러질까 봐 움켜쥐었다
침봉 칼바람에 꺾일까 봐 가슴에 안았다
예봉 넘어질랴 잡아 주느라 물구나무섰다
운해의 심연 살거리 궁금해 들여다본다
멀리서 오신 손님맞이하려 허리 굽혔다
한마음 다지기 아름다움 보여 주련다
일출일몰 비바람 모든 것 안아 보듬는다
황산의 주인이다

화엄사 흑매

너 말고는
다른 어떤 것에도
눈길 주지 않겠다고

너 외에는
세상 그 무엇에게도
마음 주지 않겠다고

수없이 다졌던 맹세가
새빨간 거짓말이었음을
날날이 톺아 밝혀낸 너

식물적인 사생활

그냥 시킨 대로
그저 주어진 대로
제안이나 반론을 펼치려는 생각은 추호도 없이
겉으로 보기엔 지극히 평온하고
아무런 동요도 없이 살아갈 것 같은 삶이
이토록 치열하게
매일매일이 고통의 연속이었음을
매연 지독한 왕복 10차로 중앙분리대
노란 선 벌어진 실금 틈에서 노랗게 핀
땅꼬마 민들레를 통해 읽는다

한 송이 꽃을 피우기 위해 매일매일
백조보다도 더 열심히 발가락 움직여
깊이깊이 뿌리박고 물 길어 올렸다

공개적으로 밖으로 비친 내 모습은
처한 상황에 불평하지 않고

그저 말 잘 듣는 범생이로 보일지 모르지만
속으로는 발톱 빠지도록 치열하게 살아 내었다

이렇게 살아 내는 것을 어찌 식물적인 삶
평안하고 순탄한 '살이'라고 말하는가
아무에게도 말하지 않았던
나의 사생활을
지금도 말하고 싶진 않지만
소통을 하려다 보니 할 수 없이…
그렇게 쉽게 생각하는 것처럼
식물적으로 살아가는 것이 아닌
식물적으로 맹렬하게 살아가는
나의 삶

참나무 마음

가파른 산책로
댕강 잘려 누운 참나무
푸르름에 갈망으로
삭정이가 되어 가지만
채이고 벗겨진 살가죽
감싸 안으려는 듯
안간힘 쓰며
곧추 돋아 올리는 파리한 움
안쓰럽고 짠한 마음에
발걸음 조심스럽고
끈질긴 생명 경이로움에
날숨조차 미안하다

그대
거짓 없이 최선을 다해 살려는
참나무의 마음을 아는가

담쟁이 쌈

통유리창 기어오르는 담쟁이
새순 참새 혀처럼 내미는가 싶더니
어느새 온 집을 빈틈없이 덮는다

도대체 넌 무슨 입맛으로 숟가락질하기에
그렇게 척척 퍼내어 착착 올라가고
쇠죽 주걱처럼 쑥쑥 큰다니

계속되는 염천
수은주는 쑥쑥 오르는데
입맛은 뚝뚝 떨어진다

저놈의 담쟁이 잎을 쌈 싸 먹으면
나도 담쟁이처럼 입맛 좋아져
지글거리는 대로 활보하고 나다니려나

궁궁이꽃*

나비 눕히려 활짝 펼쳤는데
햇살 들이려 힘껏 벌렸는데
벌 들이려 화들짝 웃었는데
아무리 양손 벌려 손짓해도
아무리 큰 소리로 웃어도
도대체 어느 누구도
다가올 기미가 없다
안길 생각을 안 한다

그래
나 혼자서 축하한다
나 혼자서 축제한다
송이송이 뭉텅뭉텅

*궁궁이꽃 : 큰 겹우산모양(복산형화서)의 탐스러운(20~40개) 흰 꽃이 여름에 핀다.

가을 초록

그토록 싱싱하고 활기차던 모습
어디로 갔나요
그토록 씩씩하고 거침없던 모습
어찌 된 일인가요
더 이상 쟁여 둘 녹색 공간이
없어져 버렸는지
가야 할 때를 아는 자의
의연함인지
아쉬움 떨쳐 버린 자의
체념인지
쓸쓸함이 배어 있습니다
가을의 초록

토마토

볕바른 발코니에 들여놓고
아침저녁으로 인사 건넸다

익을 대로 익어
껍질에 금이 간 토마토

탱글탱글 가득 찬
속살까지 새빨갛다

고운 저녁놀 해님의 속살
한입 베어 물었다

채송화에게

멀대같은 키로
멀거니 서서
너를 내려다본다면

그건
너를 보고 있는 게
아니야

아기처럼 아장아장
바짝 다가와 쪼그려 앉아야
너를 보는 거란다

종로매

볕바르고 평안한 곳에서
고결하다고 추앙받으며
우아한 별명까지 받은 친구들
선암매*, 고불매*, 납월매*, 화엄매*
정말이지 무척 부러웠다

귀청 찢을 듯한 소음과
몇 십여 년 묵어 찌든
매연 거적때기 뒤집어쓰고
밤중에도 대낮 같은 조명에
눈 감지 못하고 시달리지만
목숨 줄 끊지 않고
이어 갈 수 있었던 것은
염화칼슘으로 인한 갈증과
강추위에 가물거리는 의식
흔들어 깨워 주는
매년 잊지 않고 들려주는
새해 여는 종소리

올봄에도 여전히
꿋꿋하고 당당하게 꽃 피운다
종로 2가에서

*선암매 : 천연기념물 488호 선암매(仙巖梅). 천년 고찰 승주 선암사.

*고불매 : 세계 최고 단풍 고불매(古佛梅). 장성 백양사.

*납월매 : 눈 속에서 피우는 납월매(臘月梅). 낙안읍성 부근 금둔사.

*화엄매 : 각황전 석등에 꽃불 켜는 화엄홍매(華嚴紅梅). 구례 화엄사.

잡초라고

그럴싸한 곳에 자리 잡지 못했다고
돈 주고 사지 않았다고
손 넣어 기르지 않는다고
이름 알아주는 것은 언감생심
무시하고 거들떠보지 않는 것까지는
서러워도 참을 수 있지만
날 선 호미 들이대는 것은 정말…

무작스럽게 뽑힌 지 나흘
급습한 봄 더위 잘도 이겨 냈다
온 세상이 노랗다
부황 든 몸
험한 발길질에도 기를 쓰고
다시 일어나 버텨 본다

스스로 일어서야 하는 운명이라
죽을힘을 다해 간신히 일어섰는데
내 이름을 모른다는 이유로

내가 낯설다는 이유 하나로
난 결국

쌀밥 도둑

먹을거리 찾아 이리저리
눈 돌리는 것조차도 버거운 시절
살금살금 숨죽여 먹어도 밉상인데
훔쳐 먹는 주제에 뭐 그리 떳떳한지

가지마다 소복했던 이팝나무 흰쌀밥
단맛 쟁여 까만 지금까지도
서로 독차지하겠다고
친구들끼리도 고함치며 싸운다

휘어져 넘치도록 많고만
제발 사이좋게 나눠 먹으렴
아늠* 도톰한 직박구리 녀석들

*아늠 : 볼을 이루고 있는 살.

봄 걱정

온 산에 들에 뿌려 댔으니
내년 봄이 어떻게 칠해질지
하양 어디서 나서 목련 철쭉 들이고
분홍 어떻게 구해 진달래 벚꽃 피우며
노랑 얼마나 얻어 개나리 유채 키우고
보라 어디서 가져와 등나무 시렁에 향기 드리우며
초록 얼마나 가져와 그리도 너른 들 일궈 낼지
바닥 보일 것 같은 조색판* 어떻게 채워
내년 봄을 올해처럼 이리 곱게 칠할지
심히 걱정됩니다

하지만
봄은 저절루 샘솟는
결코
마르지 않는 조색판

*조색판 : 팔레트.

두물머리 4

멀리 날아가고픈 하얀 파꽃
간절한 기도로 너울 벗었고
물비늘*조차 잠자는 곳에 청자(靑紫)색
하늘 두 발 깊이 드리웠다
달님 닮은 노란 가로등 윤슬*도
환한 얼굴 웃으며 담그는데
앞섶 헤집는 쥐똥나무 향기만이
물 위를 꿀벌과 함께 일렁인다
청개구리 힘찬 뒷다리
낮게 누운 산 그림자 일으켜 세우는데
그냥 한데 어우러지고 싶어
일어서지 못하는 내 맘도 모르는 척
고요히 이내 잠잠히 북한강 남한강
모두를 아우를 뿐

침 묵 까 지

* 물비늘 : 잔잔한 물결이 햇살 따위에 비치는 모양을 이르는 말.

* 윤슬 : 햇빛이나 달빛에 비치어 반짝이는 잔물결.

* 2003 임오년 6월 두물머리

내통

영춘화 녹색 가지 샛노란 꽃등 올리며
봄을 맞이하는 건

진달래 온 산 분홍 물들여 처녀 가슴
울렁이게 하는 건

울연한 소나무 바늘 끝 무디게 만들어
봄을 누비게 하는 건

씀바귀 하얀 진액으로 상머슴 입맛 돋워
밭갈이하게 하는 건

우주의 기운 봄의 생명을 끌어올리는
쑥이 쑥쑥쑥 올라오는 건

달래지도 않았는데 주마고 여기저기서
달라고 말하라 하는 건

하늘과 땅
저 연놈의 내통 때문

잠식

탱자나무 산울타리 터앝*에
메리골드 기웃거리기에
웃으며 환영해 주었다

메리골드 끼워 주자
쑥부쟁이가 나도 좀…
역시 스스럼없이 들였다

쑥부쟁이 환한 모습 보더니
서양등골나물*도 덩달아 재촉이다
너라고 안 받아 주면 기분 상하겠지

이게 아니었는데
원래 내 자리는 시나브로 어디로
새끼들은 앞으로 어떻게 꽁지발 하지

*터앝 : 집의 울안에 있는 작은 밭.

*서양등골나물 : 생태교란 식물로, 토종 식물을 순식간에 제압 산야를 잠식한다. 이것을 먹고 짠 우유 섭취 시 구토 설사 사망까지 유발.

3부 ✤ 꽃모닝

감똘개*

또르르 똘또르르
온 골목이 왁자하다
출가라고?
콩알만 한 주제에

안 그래도 떠날 것을
왜 그리 서두르는고
한둘도 아니고
그리 떼 지어 떠나면
부모 마음은 어쩌라고

하긴 다 거둘 자신 없는
에미 마음…
어찌 그리도 잘 아는지
어차피 떠날 거
일찌감치 결정 잘했다
축하한다 야반도주
아니, 출가!

밤 골목길

어둠 밝히는 감똘개들

*똘개 : '똘기'의 전라도말. 채 익지 않은 과일.

아까시 꽃보라

달콤한 향 뭉텅뭉텅
온 세상에 사뭇 풀어
어질머리 일으킨다

꽃보라* 마구잡이 휘날려
흥겨움 몰이 꽃잔치
뼛속까지 울렁이게 한다

아련한 향기
시나브로 살품 헤집는
아까시꽃 너!

*꽃보라 : ① 떨어져서 바람에 날리는 많은 꽃잎. ② 축하할 때에 높은 곳에서 뿌리는 갖가지 색깔의 작은 종잇조각.

야호 호야

좍좍 죽죽 사선(斜線)에
쇠기둥 오르다 화상 입은 메꽃
버거워 힘들다던 쌍둥이 호박
목마름 시원하게 해소했다고
모두들 좋아라 느실거린다

땡볕 갈증이 뭔지 모르는
공주님 자처하던 호야
작달비 강렬한 두들김에
함께 춤추고 싶어 하지만
꽉꽉 갇혀 있는 몸

경쾌하고 신나기까지 한
저 리듬을 귀동냥만이 아닌
온몸으로 맞는 기분은 어떨지
창밖으로 몸을 기울이던 호야
빗소리에 맞춰 꽃망울 터트린다

*장마 통에 호야가 꽃을 피웠다.

하얀 등꽃

홀로 서기가 두려운 건 아니지만
더불어 사는 기쁨 나누고 싶어요
왜 홀로 서기가 안 되고 누군가를
껴안아야만 살아갈 수가 있는지
사랑으로 품은 친구가 죽어 가는데도
나 스스로 풀어 주지 못하는 무력감
껴안음이 친구를 죽였다는 죄책감
누워서라도 살아가야 하는 운명
나의 삶의 방식에 하릴없는 자괴감
뜨겁게 껴안고 살아가야 하는 운명
어떻게 더불어 살아야 할지
밤낮으로 생각하다 보면
속은 꼬이다 못해 뒤엉켜 깜깜한데
얼굴은 이토록 하얗게 창백해지는지
소소함 일궈 주던 소나무가 그리워
온 귀를 둥치에 가져갑니다

해당화

낙조(落照)가 펼쳐 주는
다사로운 금침 깔고
낙월(落月)이 누벼 주는
은실비단 자락 펼쳐
낙화(落花)한 굳은 절개
해당화로 피었다

*전남 영광 낙월도 칠산 앞바다의 조기 떼 사는 곳 해넘이에 눈부셨는데 해변 드라이브 길에 향기로운 흰 해당화 향기에 황홀했다.

*수은 강항 선생(고결한 지조 일본에 성리학 전파-내산 서원) 집안 부녀 여덟 분이 정유재란 시 칠산 바다로 투신하여 굳은 절개를 지켰단다.

안다

직박구리는 안다
살아 있는 나무의 가지들만이 반기며
손 내밀고 몸 굽혀 인사한다는 것을

벌레는 안다
죽은 나무는 어떠한 바람결이나 사태에도
몸을 흔들거나 아는 체하지 않는다는 사실을

딱따구리*는 안다
죽은 나무에 벌레들이 파고 들어가 둥지를 틀면
그것을 음관 삼아 연주를 할 수 있다는 사실을

나무는 안다
죽어야 아름다운 소리를 낼 수 있다는 사실을
그래서 때가 되면 어떠한 죽음도 항거 않고 받아들인다

흔들흔들 굼실굼실

딱따다다 청흥둥당동징*

*딱따구리는 부리로 나무를 쪼아 나는 소리로 먹이를 쉽게 잡는 단다.

*청흥둥당동징 : 가야금 연주 입소리 연주(구)음.

범부채 꽃밭에서

손바닥 정원을 거니는데
송알송알 땀방울 어느새 증발
더위는 시나브로 사라져 간다

탈 듯한 더위에도 묵묵히
아심찬 아심찬하게도*
부쳐 대고 있었구나

범부채의 마음 알아챈 순간
지독한 염천에 너도 탈라
천천히 조금만 팔랑대다오

범부채 너 말고
살랑대는 호랑나비

*아심찬하다 : 고맙기도 하고 미안하기도 한 마음을 나타내는 전라도말.

양지 아파트 봄

가녀린 가지마다
노오란 점 콕콕
창문 앞 가지마다
하얀 솜 뭉텅뭉텅

개나리 종 속에
벌들 불러 모으고
벚나무 늘어진 가지로
뱁새 숨바꼭질 시킨다
목련 함박웃음 사이로
건들바람 스치자
도도한 자주 모란
어느새 뚜욱뚝

서울에서 가장 앞서
봄을 풀어 놓는
양지(陽地) 아파트

철학하는 나무

겨울나무들은
동물처럼 겨울잠을 자지 않고
깨어 있으면서 사색에 잠긴다

꽃눈이 실실 웃음을 자아내도
잎이 겨드랑이 간지럼을 태워도
햇가지 내미려는 우듬지가
태양을 향해 우쭐우쭐 까불어도
깊은 생각에 빠져 모르는 척한다

심지어는
매서운 바람이 거세게 흔들어도
그냥 휘잉 스쳐 지나가게 할 뿐
잔뿌리까지도 사색(思索) 사색(思索) 사색(思索)
아무런 대꾸를 않고 사색한다

그러다가
잔설 난분분한 어느 날

구름에게 어서 비켜 가라 하고선
이리저리 햇볕에 온몸을 맡기며
터트리는 파안대소
봄! 봄이다

플랑보아양*

얼마나 사랑하면
그렇게 붉어지는지

얼마나 사랑받으면
그렇게 환해지는지

어떻게 지닐 수 있는지
그런 열정을

불꽃나무*
너

*플랑보아양(Flamboyant) : 불타는 듯한 문양의 후기고딕 건축 양식.
*불꽃나무 : 열대 지방의 타는 듯이 새빨간 색의 꽃을 피우는 나무.

할매꽃 2

개나리 노란 저고리
진달래 분홍 치마 입고
팔랑대던 그 계집애들이
할매가 되어 다시
사붓사붓 걷는 봄

참꽃 진달래로
샛노란 개나리로
흰머리 할매꽃으로
소생 환생하여
유모차 끌고 가는 봄

꽃모닝

첫새벽 목청 보이는 웃음
더 크게 벌리라 다그치지도 않고
바삐 진료 시작한 부지런한 벌들
"요건 더 닦아야겠고"
"흐음 이건 쓸 만하군"
'으아하~' 하품 인사도 받는다

뚜뚜따따 크게 불어 댈 필요도 없다
부지런한 이에겐 눈감아도 들린다
라데츠키 행진곡 힘찬 첫발
함박웃음으로 새벽 열어 주는
나팔꽃(morning glory)*

꽃morning!

* 나팔꽃 : 영어 이름 morning glory.

물쟁이 가을

가을은 물쟁이다

쪽 꽃 필 무렵부터 푸르게 푸르게
하늘 물들이고
두꺼운 잿빛 구름 희디희게 마전시켜
높이 매달고
티 없이 예쁜 아기단풍 곱게 물들여
팔랑이게 하고
산바람 안은 억새꽃 은빛으로
수런거리게 하고
노란 들국화 피운 여세로 차꽃 희게
봉오리 맺게 하고
계절도 모르는 철부지 우리들 속까지
곱디곱게 물들이는

가을은 물쟁이

꽃

꽃바람* 일 때 만난
꽃이슬* 같은 당신
살며시 싹튼 그리움 꽃돋이*
당신을 향한 열정 꽃불*
들키고 싶지 않은 꽃발*
만남 시샘하는 꽃샘추위
초꼬슴* 마음 변치 말자 꽃등*
진달래 꽃달임* 굳은 맹세 꽃국*
하나 됨 축복하는 달빛 꽃창
꽃이불 덮고 단꿈 꽃잠*
꽃보다 더 예쁜 우리 꽃다지*

*꽃바람 : 꽃이 필 무렵에 부는 봄바람.
*꽃이슬 : 꽃에 맺힌 이슬.
*꽃돋이 : 발진.
*꽃불 : 화력이 가장 셀 때의 불.
*꽃발 : 짐승이 들키지 않으려고 빙빙 둘러 가는 일.
*초꼬슴 : 일을 하는 때의 맨 처음.

*꽃등 : 일을 하는 맨 처음(초꼬슴). 꽃무늬가 있는 종이등.

*꽃달임 : 진달래 국화 등으로 꽃을 따서 전을 부치거나 술을 빚어 여럿이 나누어 먹는 놀이.

*꽃국 : 용수안에 괸 술의 웃국.

*꽃잠 : 신랑 신부가 처음으로 자는 첫날밤의 잠. 깊이 자는 잠.

*꽃다지 : 오이, 가지 등의 처음 열린 열매. 봄에 노란 꽃피는 겨자과 이 년초 어린잎은 식용.

호박손과 하이파이브

감나무를 뒤덮고
아슬아슬하게 달고 있는
달덩이 호박과
골목길로 뻗은 호박덩굴손
계단 가장자리 화분의
다닥다닥 방울토마토

스티로폼 화분 들여
좁아진 옥상 빨랫줄
아빠 셔츠에 안겨
팔랑이는 아기 기저귀
벽과 바닥 콘크리트 틈에서
꽃 피우는 부추

골목 유지(有志)들께
출근길 재게 걸으며 건네는 인사에
성큼 내미는 호박 덩굴손

짝짝! 하이파이브!

오늘도 아잣!

민들레꽃 거미줄

거미줄에 걸린 민들레 씨앗
이슬 생명수 삼아 싹 틔우더니
어느새 자라 샛노란 꽃 피웠다

다음엔 절대로 이렇게 고약한
샬롯*에게 걸리지도 않겠지만
그때에는 내가 너를 키우리라

이슬 방울방울마다 하나씩 피워
허공에 황금 꿈밭을 일구어 냈다

늘 땅바닥에 바짝 붙어
땅의 숨소리를 듣던 민들레
나무우듬지 거미줄에서 피어
하늘의 숨소리를 듣는다

이상하다 어떻게
땅의 소리와 하늘의 소리가 같을까

거미집 원주인 샬롯은 어디로 갔을까
땅강아지는 그동안 어디로 갔었을까

샬롯이 민들레를 키운 게 아니라
민들레가 거미줄에서 꽃을 피워
곤충을 유인해 거미를 먹여 살리고 있다

*샬롯 : 엘윈 브룩스 화이트가 1952년에 지은 동화 『샬롯의 거미줄(Charlotte's Web)』의 주인공. 삽화 작업은 동물을 주로 그린 가스 윌리엄스가 맡았다. 감성이 풍부한 돼지 윌버와 영리한 회색 거미 샬롯의 우정을 다루고 있다. 거미 샬롯이 거미줄에 SOME PIG, TERRIFIC, HUMBLE이라 쓴 것을 보고 주민들은 죽이기로 했던 돼지 윌버를 살려 준다.

*거미는 호선에만 끈끈이를 바르기 때문에 반지름 선을 디디면 걸리지 않고 잘 다닐 수 있고, 가느다란 민들레 씨앗도 호선에 매달려야 살아남 수 있지 싶다.

4부 꽃지랄

향유

애써 흘린 땀방울
예쁜 꽃 피웠지만
고운 빛 눈 맞추지 못하고
향기 가슴에 품지 못하여
아려한* 그늘 거느리지 못하면
진정한
꽃의 주인은 누구란 말이냐

* 아려 : 아담하고 고움, 품(品)이 화려함.

고로쇠나무

푸른 꿈 더해 가야 할
4월

생명수를 도둑맞고
축 처진 모습으로
간신히 버티고 서 있는
네가
너무나 안쓰러워

푸른 꿈 나누고파
이곳 지리산 자락에 왔다

영춘화(迎春花)

그렇게 설쳐 대더니
만화방창 불러
줄줄이 과속 딱지

허공에 증발시켜 버린
어사화 금의환향
어떻게 책임질꼬

속절없는 2014년 봄
올해만큼은
널 이렇게 부른다

맹골수도* 바람잡이
망춘화(亡春花)

*맹골수도(孟骨水道) : 진도 앞바다 조류가 강하기로 유명한 명량 해전지와 가까운 곳.

홍시와 풋감

바람 한 점도 없이
아스팔트 지글거리는 팔월
젊음의 거리라는 홍대 앞

도사리* 같은 풋감들이
기묘한 냄새에 버무려져
거리를 가득 메워 굴러다닌다

빠알간 홍시는
풋감보다 더 잰걸음으로 서둘러
패션 거리를 빠져나왔다

귀가해 보니 흐물대는 홍시 사이에
소란 소음에 뒹굴던 풋감도 따라왔다
단맛과 떫은맛이 묘하게 뒤섞여 있다

*도사리 : 다 익지 못한 채로 떨어진 과실.

조계사 회화나무

정성 모아 절 올리는
낫처럼 굽은 등
부자가 온갖 치장으로
커다랗게 밝힌 등
속곳주머니 몽땅 털어
소망을 바친 등
정치가가 이름 알리려
번듯하게 밝힌 등
가난한 여인 초라하지만
고이 받쳐 든 등
간절함의 심지 돋운 등
온갖 사연의 등 등 등등

주렁주렁 달아서
신수 환해졌다만
그건 네가 잘나서
네게 바친 등이 결코!
그렇게 등 진 가재 노릇*하면

저 간절한 등 소망의 등이
등을 돌릴 것이다

회화나무 너 착각 마라

*등 진 가재 노릇 : 남의 세력에 의지하고 있는 사람을 비유적으로 이름(호가호위狐假虎威).

잡념

달구지 쇠바퀴가 심지어
트랙터 바퀴가 지나며 뭉개도
흙먼지 털며 부스스 일어서는
잡초 바랭이
밟아도 밟아 대도 고개 내미는
집념 바랭이

시기 놓치지 말고 수시로 뽑아 줘야
애써 심은 곡식 자라게 될 텐데
땅속 구석구석까지 뿌리 펼친
잡초 왕바랭이
뿌리털 남김없이 뽑아야 할
집념 왕바랭이

이미 내린 뿌리 너무나 깊고 넓어
호미로는 어림도 없는
내 마음 깊은 데서 자라는
속을 뒤집어엎어야 뽑힐

집념 바랭이

잡념 왕바랭이

옥수수 하모니카

강원도 가는 길
차창 밖 펼쳐진 들이 짙푸르다
와락 안아 줄 듯한 산은 갈매색*이다
손바닥 서넛 펼치면 꽉 차게 좁은
다랑밭 옥수수는 하늘 찌를 듯
십오 년 전쯤의 내금강 풍경과 겹친다

남쪽의 초등 5학년보다 작은 키에
까무잡잡한 피부의 북쪽 군인들
눈빛만은 형형했다
어른 무릎 높이밖에 안 되는 북쪽 옥수수는 물론
옥수수 밭에 허리 굽힌 어른도 나보다 훨씬 작은 키다
얼굴 마주쳐 웃으면서 안녕하세요
인사 건네면 고개를 돌렸다
만나는 사람마다…
북쪽 사람에게 함부로 말 건네지 말라고
수없이 반복하여 주의를 줬지만
지구촌 어디서건 인사 나눈다고 잡아가진 않았다

우리가 남인가…
옥수수 크기와 입성 얼굴 표정과 색 그리고 눈빛
여러 가지 것들이 대비되는 남과 북

옥수수 실컷 먹다가 두 줄 남겨
동요 '옥수수 하모니카' 이중주 하는
정다운 장면을 상상하며 지나는 길
'고향의 봄' 낮은 성부까지 연습하며
하나 될 그날을 그린다

*갈매색 : 짙은 녹색

사월 목련

올 사월에는 꼭
소복을 벗고 싶어요

새하얀 마음 모아
간절히 소지를 해도
두둥실 타오르지 않고
툭 투둑 떨어져 버린다

아직도
건져 내지 못한 영혼
삼키지 못한 슬픔은
식도에서 굳어져
피자마자 말라 버려
검붉은 피를 토하며
자목련이 되었다

내년에도 이리 피어
슬픈 달로 만들 것이냐
사월의 백목련

*끝나지 않은 2014년 4월 16일의 비극.

꽃지랄

채찍비 오시는 날
꽃잎끼리 부둥켜안고
떨어지지 않으려
몸부림치고 있다

영감탱이는
나오지도 않는 가래를
깊이 톺아 '퉤!'
발치 끝에서
불그스름한 게 번진다

흙탕물 뒤집어쓰고도
땅바닥에서 다시 피는
능소화 꽃을 보더니

"꽃지랄 잘들 한다"

꽃 허리띠

가는 허리 졸라맨 지 반세기
녹슬어 무너질 때도 되었건만
갈수록 조여 당겨지는 철조망
매섭고 날카로운 가시 가시마다
개나리 이팝나무 쑥부쟁이 감국
북의 너도 남의 나도
정성으로 한 송이씩 끼우면
꽃띠 두른 삼천리 덩더꿍 어깨춤에
온누리 꽃향기 일렁일 텐데

*진정한 무예의 길은 창과 검을 그치게 하는 데 있다는데, '무예' 사전 속에서도 증발되어 버린 말.

빌딩숲 청매

얼마나 간절하게 기다렸을지
고층빌딩 사이
간신히 두 사람 비켜 갈 만한 곳에 심겨진
청매 한그루
시베리아 보다고 더 지독한 골바람과
주차장 출입구 살인적인 매연 속에서
꿋꿋하게 버텨 내는구나

입춘 지나 춘삼월 코앞인데도
햇살 한 줌 받지 못하면서도
꽃눈 봉긋 올리는 너
너는 도대체 무엇으로
그리 꽃을 피워 내느냐
담배 연기와 매연에 찌들었을 텐데도
그리 순결한 흰색 지니는 청아함이라니
우주 어디에서 끌어와 지녔다가
고이 풀어 피워 내는지 참 대단하구나

청매에게 마음 주고 있는데
어디선가 휙 날아오는
불붙은 담배꽁초

벚꽃 밥

온 세상 다 채울 듯 흐드러졌다
두둥둥 떼밀리는 현란한 차림의 인파
벚꽃보다 더 벙글거리는 얼굴들

'예쁘다! 팝콘이면 좋겠다'
'저 벚꽃이 이밥이면 얼마나…'
남북 어린이 소원의 차이를 생각하며
'달라붙은 배 속에 들어가야만 소화되는
그런 '꽃 밥'은 누가 연구 좀 안 하나?'
온갖 잡념으로 꽃그늘 거니는데

누군가 확 스카프 자락을 당긴다
누구? 물을 새도 없이
눈앞에 늘어진 꽃가지가
"먼 나라 남의 자식들은 돌보면서
왜 이웃 형제의 자식은 굶기는가?"

*교정 벚꽃 비 난분분한 날, 수업하다 말고 창밖 꽃비 보고 무슨 생각 드느냐 물었더니 다들 "팝콘이요!" 교실 천정 날아갈 뻔. 그 순간 북의 아이들은 흰쌀밥 원 없이 먹고 싶어서 벚꽃이 '밥이라면' 좋겠다고, 실제로 꽃 피기 무섭게 따먹어 버려서 꽃구경다운 구경도 못 한단 증언을 들은 기억이 났다.

까치밥

몸통 뒤틀리고 아랫도리엔 커다란 구멍까지 뚫린
이 동네에서 가장 오래 백여 년 역사를 지켜보고
아들과 그 아들이 낳은 손자까지 키우는 건 물론
지나는 길손에게도 덥석덥석 안겨 줘
감 얻어 가는 얼굴들 감보다 더 발갛게 물들인 감나무엔
열댓 개도 더 남은 까치밥에 온 동네가 환합니다

근처 대규모 관광농원 수백 그루 감나무 밭은
막 벼 베기 끝낸 논바닥보다 더 말끔
어떤 그루든 단 한 개의 감도 남아 있지 않아서
수백만 원씩 거둬들이는 농원임에도 불구하고
어느 구석에도 여유가 없어 삭막하게 보입니다

나누는 인심 후한 풍요로운 가을 감나무는
'지금 여기' 햇살정원 쥔장 신주식 이채은 부부
시를 사랑하는 지금 여기에 오신 분들의 마음은
구름 한 점도 들이지 않은 파란 하늘 돋보이게

삭막한 세상의 농익은 홍시로 남은 까치밥
바로 그런 까치밥 시인님들이라 여기니
다가올 엄동도 훈훈해질 듯합니다

*어느 가을 '햇살정원'에서 시 나누기를 즐겼다.

나무 살려

은밀해야 할 야(夜)밤들의 부릅뜬 눈
미처 날뛰어 지르는 광란의 소리
원래의 모습을 잃어버린 도회의 밤

고향에 잔뿌리 댕강 남겨두고
도시로 뽑혀와 매연과 소음에
제대로 된 물맛도 못 보고
어질머리 앓는다

쉬고 싶어 하는 나에게
깨어 있으라 종용하는 깜박이 장식등
겨울잠 자야 할 잎눈 꽃눈들 눈앞에서
강제로 눈까풀 뒤집는 알전구들
사름 들지도 못해 기진맥진한데
사방에서 무수히 들이대는 칼날 빛

안 그래도 불어오는 빌딩 황소 골바람에
안착하지 못한 뿌리까지 얼어 쓰러질 지경인데

이래 놓고도 내년 봄에 억지로 잎과 꽃 피우라
영양제 주사한다고 또 결박까지 할 것인가

바람도 냇물도 사람들도 다사롭고 친절하며
실뿌리가 하염없이 기다리는 곳
내 고향으로 날 보내 주

꽃도 떨고 있잖아

다들 입 모은다
봄 봄 봄
꽃 꽃 꽃
그런가?
정말 봄인가?

흐드러진 영춘화에 질세라
개나리 더 샛노랗게 웃어 대도
살품 헤집어 뼛속까지 시리게 하고
안 그래도 숱 적어 속 보이는 머리
뒤집어엎는 이 꽃샘바람은 어쩔꼬?
봄이라지만 진정 봄이 아니란 말
다시 새김질하게 하는
봄 같지 않은 봄 나날
봄은 그리 쉬 오지 않는다잖아
그러게 정말 봄답네

지독한 꽃샘으로
덜덜 떨리는 걸 못 참고 다시
겨울 외투 걸친 건 나만 아니야
꽃도 떨고 있잖아

네 이놈!

청서 네 이놈!
가을의 그 달콤함을
그새 잊었느냐?
엄동의 그 추위를
어찌 맞으려고
겨울의 그 배고픔을
어찌 이기려고
이렇게 가지째 잘라 대냐
아무리 목마르다고
줄기까지 잘라 대면
도토리가 남아나겠냐?

무슨 말씀을요
주린 배 움켜쥐며
학수고대 기다린 가을
돌팔매질에 멍든 몸
익기도 전에 깡그리 떨어가
늦가을부터 쫄쫄 굶었기에

가을까지 기다려 본들
돌아온 건 여위고 퀭한 눈뿐
우선 붙어 버린 창자 떼는 거죠

도토리 훔쳐 가는 인간
네 이놈!
범인은 내가 아니라
도토리거위벌레
알고나 말하라고요!

*8월 산길에 도토리거위벌레가 잘라 낸 참나무 가지가 무수히 떨어져 있는데, 채 익지도 않은 도토리가 송알송알 달려 있다.

*다람쥐와 청서는 먹이가 달라 다투지 않는다.

오발탄*과 향나무*

참 향기로운 곳이었다.
모습 따지지 않은 다양한 친구들
(왕바람 바늘 햇살 작달비 싸락눈…)
가리지 않고 큰 소리로 웃고 떠들면서
어우렁더우렁 살아가는 즐거움과 여유가 있었다

언젠가부터 어마어마한 상자 같은 집들이 들어서고
커다랗게 뜬 그들 눈에 내 눈이 부셔
내가 눈을 감아야 하기 시작할 즈음
대한민국에서 '땅땅'거리는 검은 것들이 드나들었다
하루 이틀 지나면 나아지겠거니
아니, 내가 그들에게 적응되겠거니
참아 내고 버티는 중이던 어느 날

꽃 같은 내 자리는 어디론가 사라져 버리고
나도 모르는 사이에 길거리에 나앉게 된 것이다
길 한가운데로 몰려 이사도 가지 못한 내 신세
그동안 별로 신경 쓰지 않아도

내 냄새가 좋다고 향기롭다고 놀러 오던
친구들도 하나둘 사라져 갔고
안간힘을 써서 내 체취를 내뿜어야
겨우 기억해 주는 친구들만 하나둘 남게 되었다
별별 짓을 다해도 향기 아닌 버틸 힘도 부족한데

이건 또…
지글지글 싸움판에서 돈 보따리 싸 들고
말장난하는 군상들
망치 든 자들의 번들거리는 머리를 써 서핑하며
오발탄 세상 넘나드는 곡예사들 말장난과
그 곡예사들이 지글거리며 구워 대는
오발탄 고기 굽는 냄새 때문에
내가 살아가는 세상마저 오발탄으로 변해 가고 있음에
오발탄이 휘돌아 간다
오발탄으로 휘돌아 간다

도저히 못 버티겠다는 내게 링거를 꽂아 주고
뭐라고 격문도 걸어 주고 하지만
내가 살고 싶은 곳은
이 오발탄들과 싸우는 정의의 여신도
오발탄에서 구울 고기를 재고 있는
정의의 저울이 아닌 오발탄 저울도
아무것도 필요 없이 그저
파란 하늘과 맑은 물소리와 새들이 찾아오는 곳

*오발탄 : 목적지를 잃은 탄환(부적응 인생). 서초동 향나무 앞 고깃집 간판.

*서초동 : 잘못 장전된 오발탄들 빼내려 말싸움하는 곳, 법원. 빼서는 안 될 것(?)들을 빼내 주는 사람들이 바글거리는 이 동네. 정녕 할 수 없는 일들은 무엇인가? 어차피 인간사 자체가 오발탄이라지만, 고깃집 오발탄만이 제대로 작동·발사되는 지글거리는 동네다.

얼릉 잠 피소

필랑가

말랑가

으짤랑가?

이 사람아

내 속 엥간이 태우고

얼릉 잠 피소

'더' 사는 시인

언제부터인가
주어진 삶을 '더'가 아닌 '덜' 살아가려
노력하고 있음을 깨달았다

'여유'라는 이름의 '게으름'을 즐기고 싶은
아주 미미한 몸의 명령에
차츰 복종해 가는 나 자신을 돌아보니

90이 넘도록 편안하고도 정열적으로
'더' 살아가고 있는 '이생진 시인'
존경을 넘어서 경이롭게 느껴진다

어느 풍파에도 타협하거나 굴하지 않는 울연함
동시대 한 공간에서 같은 화젯거리로
호흡하며 배울 수 있음에 행복하다

'덜'에서 'ㄹ'을 덜어 내야겠다는 의지가 꿈틀댄다
'ㄹ'의 가운데를 펼쳐 살며시 당겨
'乙'자 만들어 훨훨 날려 버려야겠다

마음줄 당겨 다잡아
다시 '더' 살아 보자
이생진 시인처럼!

『꽃버치』 함께 감상하기

- 박산(시인)

앎은 무엇인가?

'실천을 통해 알게 된 신념'이란 사전적 정의를 대입시켜 놓고 굳이 플라톤을 불러 정당화된 참된 신념(Justified True Belief)에 시로 철학을 논하려는 것은 아니겠지만, 양숙 시인이 네 번째로 펴낸 시집 『꽃버치』를 읽어 나가면서 '지식이란 과연 무엇인가'라는 전제를 깔며 감상하게 된다. 평생 일해 온 교직에서 은퇴를 맞은 평화로운 시기임에도, 나태함을 거부하고 쉼 없이 자기 수양적 배움을 실천하고 있는 끝없는 도전에 비추어 읽어 보게 됨은 어쩔 수가 없다.

이에, 운율성·암시성·정서성·상상성·영상성·주관성이 시의 보편적 특성이라 한다면 양숙 시인의 시에는 교육성이라는 특성 한 가지를 더해 읽으면 이해에 보탬이 된다. 각각의 시에 붙여진 낯선 제목으로부터의 미세한 혼란, 아는 것도 같고 친한 것도 같은데 떠오르지 않는 것 같은 무엇처럼, 근간에 쓰이지 않거나 사장된 언어들을 찾아 기어이 꺼내 시화(化)로 이루려는 우리말 찾기의 끈질긴 시도로 느껴진다. 그가 40여 년을 교육 현장에서 그래 온 것처럼.

꽃달임

어서 오시게나
매화의 꿈 영글기 전
달아나려는 향기
목 가는 백자 속에 잡아 두었고

(중략)

깨보숭이도 마련했네
따가운 햇살 받아
노오란 꿈 더해 가는
향기 짙은 감국(甘菊)도 준비했으니
예쁜 모양 살려 집어 주시게나

(중략)

토방 댓돌 아래 귀뚜리는

버얼써 기다리는 눈치네

어서 오시게나

'어서 오시게나'로 시작하면서 매화의 꿈 영글기 전에 달아나려는 향기를 목 가는 백자에 잡아 두었다며 깨보숭이에 감국 토방 아래 귀뚤이까지 읽으면 박목월의 「나그네」에 표현된 살집을 파고드는 우리 민족이 지니는 극한의 서정성 – 강나루 건너서 / 밀밭길을 // 구름에 달 가듯이 / 가는 나그네 // 길은 외줄기 / 남도 삼백 리 // 술 익는 마을마다 / 타는 저녁놀 // 구름에 달 가듯이 / 가는 나그네 – '어서 오시게나'로 맺으며 나그네를 부르는 동일 선상의 극한 서정성이 느껴져서 감국 대신 백자 호리병에 익은 술 담아 꽃달임에 동참하여 파고들 수 있는 넉넉한 품으로 느껴져 당장 안기고 싶은 충동이 인다. 배꽃 피는 영산강가 나주가 고향인 시인의 아포리즘으로부터 시로 순화되어 뒤뜰 장독대 옆 평상에 앉아 가을 하늘 구경하는 한 폭의 그림 같은 맛이 느껴진다. 돈벌이에 미치다가 쓰러진 사업가의 병상에 이 시가 적힌 액자를 걸어 주면 좋겠다.

별 대신

마당 비질하지 않아도

(중략)

풀벌레 바자울에 가두지 않아도
대나무 들마루 내려놓지 않아도
별들이 내려와
드러눕던 그 밤

(중략)

별들이 내려와
드러눕던 그 밤

서럽게 울고 싶은
초라한 서울의 밤
별 대신 다가와
드러누운 그 사람

풀벌레 우는 고향 떠난 이에게는 아무리 서울살이를 오래했어도 서울에서는 결국 이방인이다. 서울에도 별이 뜨고 풀벌레 울건만 시멘트 덩이 속의 외로움은 결국 바자로 친 울타리 넘어 별들이 내려와 눕던 밤으로 가는 그리움이 된다. 각박한 경쟁사회 속의 치열한 삶을 톡 까놓고 언급 안 해도 대도시 서울은 밥 먹고 숨 쉬는 자체가 버겁고 서럽다. 눈을 감고 꿈처럼 고향 들마루에 누웠는데 별 대신 다가와 드러누운 그 사람이 있다. 반짝이는 별 대신에 다가온 '그는' 아마도 시인이 갈구하는 의식 저편의 실체인 듯하다. '서럽게 울고 싶은 초라한 서울의 밤'으로 눈물 일보 직전에서의 반전으로 고향의 '드러누운 그 사람'이란 긍정적 서정을 흡수하여 독자에게 편안을 주고, 외로움이 잉태한 '마당 비질', '바자울', '풀벌레', '별' 등의 고운 언어들로 자체 치유되어 마치 병원에서 큰 수술 후 건강하게 퇴원하는 시인의 모습을 보는 듯하다.

꽃버치

탱자나무 산울타리 안은 물론
뒷고샅까지도 위세 떨치며 너볏한
수탉의 볏 빨간 맨드라미 대엿 송이로

(중략)

"거참 너볏하다" 자자하던 칭찬도 잦아들어
(중략)
꽃버치에 담아 볕바른 창가에 두었다

망설이다 아직도 떠나지 못하고 있던 씨앗들
(중략)
꽃버치가 가을을 품어 익혔다

도심의 인구 70% 이상이 아파트에 거주하는 현실임에도 사람들은 꽃을 피우고 때론 난의 청초함을 가까이 함께하기 위해 크고 작은 화분을 집 안에 들인다. 그러고는 화분을 탱자나무 산울타리라 여기고 맨드라미 대엿 송이로 거실을 마당이라 생각하는 것도 모자라 수탉이 홰를 치며 뛴다고 눈을 감고 상상한다. 어느 산골의 숙련된 옹기장이가 흙 가마에 장작불 지펴 굵은 땀 흘려 구어 냈을, 아가리가 자배기보다 넓고 큰 옹기 꽃버치, 여기 빈 아가리에다가 보관 중인 씨앗 봉투를 털어 뿌려서 시인의 표현대로 가을을 익혀 다시 씨앗을 받은 모양이다. 생명의 윤회를 말함도 있겠지만 우리말 연구에 오랫동안 천착

해 온 시인의 의도는 '꽃버치'라는 말을 활짝 피어날 꽃씨처럼 널리 퍼트렸으면 하는 속내로 읽힌다.

식물적인 사생활

그냥 시킨 대로
그저 주어진 대로

(중략)

이토록 치열하게
매일매일이 고통의 연속이었음을
매연 지독한 왕복 10차로 중앙분리대
노란 선 벌어진 실금 틈에서 노랗게 핀
땅꼬마 민들레를 통해 읽는다

(중략)

백조보다도 더 열심히 발가락 움직여
깊이깊이 뿌리박고 물 길어 올렸다

(중략)

이렇게 살아 내는 것을 어찌 식물적인 삶
평안하고 순탄한 '살이'라고 말하는가
아무에게도 말하지 않았던
나의 사생활을
지금도 말하고 싶진 않지만
(중략)
그렇게 쉽게 생각하는 것처럼
식물적으로 살아가는 것이 아닌
식물적으로 맹렬하게 살아가는
나의 삶

시는 시인의 고백이다. 40여 년의 교직을 마감한 시인에게, 많은 이들은 직업이 주는 선입견으로, 크게 기복 없는 평안하고 순탄한 직장 생활을 영위해 온 팔자 좋은 삶이라 말하는 듯하다. 시인의 고백은 다르다. 그렇지 않았다는 큰 항변이다. 적어도 이 시를 읽어 보면 그렇다. 10차로 중앙분리대 노란 선 실금 틈에 핀 노란 민들레가 바로 자신이었다는 외침으로 들린다. 맞다, 안정된 직장의 대명사인 '교사'라고 어찌 다 식물적으로 주는 물이나 마시면서 단순 생각하며 살아가겠는가. 교사도 교사 나름이다. 식물도 역시 다 다름이다. 그에게도 삶에 대한 치열한 내면의 극한, 아무에게도 말하지 않았던 지금도 말하지 못하는 전투가 있었다. 지독한 매연의 왕복 10차로의 차선에서 바람에 휙 날아갈 듯했던 노랗게 핀 땅꼬마 민들레의 불안함과 백조보다 더 열심히 움직였던 물속 보이지 않는 발가락의 움직임으로 식물적이라기보다는 동물적으로 더 맹렬하게 살아왔음을. 그렇다, 평온하고 동요 없이 고통을 느끼지 않는 삶이 어디 있겠는가. 항시 배우고 익히며 매사에 적극적으로 바쁘게 살아가는 시인의 성품으로 보아 이 고통의 표현은 지극히 일부라는 느낌도 든다. 이 시를 읽는 독자 역시 시인의 고백에 동참하여 함께 울어 주고 싶을 것 같다.

종로매

볕바르고 평안한 곳에서
고결하다고 추앙 받으며
우아한 별명까지 받은 친구들
선암매, 고불매, 납월매, 화엄매
정말이지 무척 부러웠다

귀청 찢을 듯한 소음과

몇 십여 년 묵어 찌든
매연 거적때기 뒤집어쓰고
밤중에도 대낮 같은 조명에
눈 감지 못하고 시달리지만
목숨 줄 끊지 않고
이어 갈 수 있었던 것은
염화칼슘으로 인한 갈증과
강추위에 가물거리는 의식
흔들어 깨워 주는
매년 잊지 않고 들려주는
새해 여는 종소리

올봄에도 여전히
꿋꿋하고 당당하게 꽃 피운다
종로 2가에서

진흠모 인사동 시낭송 모꼬지에서 시인이 직접 이 시를 낭송하는 모습을 기억한다. 종로 YMCA 앞 프라타나스 옆에 매화가 핀다. 선암매·고불매·납월매·화엄매 고고한 남도의 기상을, 차가운 눈 속에서 고고하게 봄을 알리는 도도한 매화가 있는 반면, 귀청 찢을 듯한 소음과 서울 한복판, 그것도 종로의 지독한 매연 속에서도 꽃을 피우는 종로매(梅)에 절절이 감사하는 시인의 순도 100% 감사한 마음으로 쓴 시로 읽힌다. 명년 3월에는 YMCA 앞 화단에 종로매를 기다려 볼 일이다.

내통

영춘화 녹색 가지 샛노란 꽃등 올리며
(중략)

진달래 온 산 분홍 물들여 처녀 가슴
울렁이게 하는 건

(중략)

씀바귀 하얀 진액으로 상머슴 입맛 돋워
밭갈이하게 하는 건

우주의 기운 봄의 생명을 끌어올리는
쑥이 쑥쑥쑥 올라오는 건

달래지도 않았는데 주마고 여기저기서

달라고 말하라 하는 건

하늘과 땅
저 연놈의 내통 때문

영춘화 꽃등 울리는 봄에는 내통하고 싶다. 나도 내통하고 싶고 너도 내통하고 싶다. 울연한 바늘 끝 무디게 만들어 봄을 누비게 한다는 표현에 여름에 읽어도 봄이고 겨울에 읽어도 이미 봄이다. 쑥쑥쑥 봄이 올라오고 달래지도 않았는데 준다고 하고 여기저기 달라고 말하라는 인심이 지극히 후해지는 내통, 씀바귀 하얀 진액으로 슬쩍 도취되어 연계시킨 상머슴까지 동원된 에로티시즘의 극치인가? 아니면 봄의 생명을 잉태하는 만물 음양의 극치인가? 그냥 쓱 지나가다 어여쁜 여인에게 "참 예뻐요" 했더니 뺨 대신 이게 웬 떡! 웃으며 다가와 살며시 볼을 맞추고는 총총히 사라지는데도 달콤한 볼 맛에 겨워 혼미해진 정신에 그녀는 이미 사라진 뒤다. 그러면 어떤가? 이미 횡재를 맛보았는데. 이 시가 그렇다. 하늘과 땅의 저 연놈의 내통을 독자도 하고 싶다. 봄이 가슴에 꽉 차는 시다.

해당화

낙조(落照)가 펼쳐 주는
다사로운 금침 깔고
낙월(落月)이 누벼 주는
은실비단 자락 펼쳐
낙화(落花)한 굳은 절개
해당화로 피었다

서해를 여행하다 보면 여름맞이 꽃인 붉은 해당화를 만날 수 있다. 낙조가 펼쳐 주는 금침을 깔고 낙월이 누벼 주는 은실비단 자락 펼친다는 여성 시인만이 표현할 수 있는 짧고 섬세한 문장 끝에 나타난 '낙화한 굳은 절개'에서 시의 미소가 사라진다. 영광 낙월도 칠산 앞바다에 투신한 성리학자 강항 집안의 슬픈 정유재란의 역사를 간결한 조선시대 고결한 선비의 기승전결을 잘 갖춘 시조 한 수로 읽히면서, 봄에 찾아오는 해당화를 나라에 비유해 '당신은 해당화 피기 전에 오신다고 하였습니다 봄은 벌써 늦었습니다'로 시작하는, 조국의 해방을 기원하며 읊었던 한용운 선사의 시 「해당화」도 연상된다.

할매꽃 2

개나리 노란 저고리
진달래 분홍 치마 입고
팔랑대던 그 계집애들이
할매가 되어 다시
사붓사붓 걷는 봄

참꽃 진달래로
샛노란 개나리로
흰머리 할매꽃으로
소생 환생하여
유모차 끌고 가는 봄

피식 웃음이 나온다. 늙는 게 뭐 별거인가. 다 그렇지. 분홍 치마 입고 팔랑대던 그 계집애들이 흰머리 할매꽃으로 손자 유모차 끌고 가는 봄이 유쾌하다. 이렇게 사붓사붓 걸어가며 맞이하는 봄이면 됐다, 할매면 어떻고 영감이면 어떤가. 인생은 흐르는 물 같다 하지 않는가. 이 진리에 순응하며 유모차를 끌고 가는 봄이 바로 유유히 흐르는 삶이다.

꽃지랄

채찍비 오시는 날
꽃잎끼리 부둥켜안고
(중략)
몸부림치고 있다

영감탱이는
나오지도 않는 가래를
(중략)

흙탕물 뒤집어쓰고도
땅바닥에서 다시 피는
능소화 꽃을 보더니

"꽃지랄 잘들 한다"

거친 듯 느껴지는 시상이지만 두 번 세 번 거푸 읽을수록 통쾌한 해학이 들어 있다. 채찍비 오시는 날 부둥켜안고 난리블루스도 아닌 모양이다. 점입가경! 바라보던 영감탱이는 가래까지 뱉으며 짜증을 낸다. 지금 자신의 팔자에 화가 나는 모양이다. 부러워 죽을 지경인데 더 화를 돋우는 건, 흙탕물 뒤집어쓰고도 땅바닥에서 피는 능소화다. 꽃지랄 잘들 한다. 심심해서 주리를 트는 할매라도 빨리 찾아야 할 듯하다. 영감탱이 꽃지랄에 상황이 급해졌다.

나무 살려

은밀해야 할 야(夜)밤들의 부릅뜬 눈
미처 날뛰어 지르는 광란의 소리
원래의 모습을 잃어버린 도회의 밤

고향에 잔뿌리 댕강 남겨두고
도시로 뽑혀와 매연과 소음에
제대로 된 물맛도 못 보고
어질머리 앓는다

쉬고 싶어 하는 나에게
깨어 있으라 종용하는 깜박이 장식등
겨울잠 자야 할 잎눈 꽃눈들 눈앞에서
강제로 눈꺼풀 뒤집는 알전구들
사름 들지도 못해 기진맥진한데
사방에서 무수히 들이대는 칼날 빛

안 그래도 불어오는 빌딩 황소 골바람에
안착하지 못한 뿌리까지 얼어 쓰러질 지경인데
이래 놓고도 내년 봄에 억지로 잎과 꽃 피우라
영양제 주사한다고 또 결박까지 할 것인가

바람도 냇물도 사람들도 다사롭고 친절하며
실뿌리가 하염없이 기다리는 곳
내 고향으로 날 보내 주

도심의 절대적 이기(利器)인 빛은 나무들에게는 절대적 공해다. 쉬지 못해 앓는 어질머리로 머리가 깨지고 눈까풀 뒤집는 알전구들에 기진맥진 헤드락이 걸려 항복 직전의 그로기 상태인 레슬링 선수다. 사실이다. 도심의 가로수나 빌딩 아파트를 끼고 있는 이면도로의 나무들도 봄에 푸른 잎새에 꽃을 피우긴 하지만 아픈 사람처럼 영양제 주사를 맞고 결박까지 당한다. 바람도 냇물도 사람들도 다사롭고 친절하며 실뿌리가 하염없이 기다리는 곳, 시인이 대신 외쳐 주는 소리 "내 고향으로 날 보내 주!" 시인의 시심이 현실에 대치되는 지점에 이르러서는 모두 슬프다.

얼릉 잠 피소

필랑가

말랑가

으짤랑가?

이 사람아

내 속 엥간이 태우고

얼릉 잠 피소

"뭣이여 이것이 시방! 남도 판소리 한 자락인감!" 어화둥둥 내 사랑 사랑가를 부르고 있는 중인가 아니면 춘향전의 한 장면 패러디인가, 여기서 시인의 메타포가 단순해졌다. 그의 은퇴 후 생활이 이리 유쾌했으면 좋겠다는 바람이다. 더 이상의 언급은 이 시에 대한 모독이다, "얼릉 잠 피소!" 이거면 됐다.

양숙 시인의 네 번째 시집 『꽃버치』 전편을 읽으면

서 매화·진달래·해바라기·자작나무·사스레피꽃·붉나무·복자기나무·두릅나무·은행나무·영춘화·탱자나무·궁궁이꽃·아까시·메꽃·등꽃·해당화·범부채 등등 마치 식물도감을 펼친 듯한 느낌으로 감상했고, 사실 인사동 진흠모(이생진을 흠모하는 모꼬지) 동인들은 어딘가로 여행 중에도 모르는 꽃이나 나무를 찍어 스마트폰으로 시인께 질의를 할 정도로 시인의 해박함을 익히 알고 있음에도 이리 다양한 꽃과 식물을 시에 버무리는 그의 시도는 참신하게 다가왔다. 이 시집을 읽는 독자들이 양숙 시인의 시말에 포함된 꽃말을 되뇌며 함께 감상하는 호사를 누렸으면 하는 마음이다.